BEI GRIN MACHT SICH IHR WISSEN BEZAHLT

- Wir veröffentlichen Ihre Hausarbeit,
  Bachelor- und Masterarbeit

- Ihr eigenes eBook und Buch -
  weltweit in allen wichtigen Shops

- Verdienen Sie an jedem Verkauf

Jetzt bei www.GRIN.com hochladen
und kostenlos publizieren

Konfliktanalyse des Handelskonflikts zwischen China und den USA

Eine Handlungsempfehlung

Bibliografische Information der Deutschen Nationalbibliothek:

Die Deutsche Nationalbibliothek verzeichnet diese Publikation in der Deutschen Nationalbibliografie; detaillierte bibliografische Daten sind im Internet über http://dnb.d-nb.de abrufbar.

ISBN: 9783346297068
Dieses Buch ist auch als E-Book erhältlich.

© GRIN Publishing GmbH
Nymphenburger Straße 86
80636 München

Druck und Bindung: Books on Demand GmbH, Norderstedt Germany
Gedruckt auf säurefreiem Papier aus verantwortungsvollen Quellen

Das Buch bei GRIN: https://www.grin.com/document/956569

Konfliktanalyse und Handlungsempfehlung

Handelskonflikt zwischen China und USA

Institut für globale Entwicklung von Handelshemmnissen und bilaterale Handelsbeziehungen

Inhaltsverzeichnis

In der folgenden Handlungsempfehlung intendiert das Institut für globale Entwicklung von Handelshemmnissen und bilateraler Handelsbeziehungen nachhaltige Lösungsansätze für die beiden Hautträger der Krise USA und China vorzulegen. Dabei wird der Konflikt zunächst in den kontextuellen Rahmen eingeordnet und mit statistischen/ empirischen Daten, welche unteranderem von Statista erhoben wurden versucht, die Auswirkungen des Konflikts zu skalieren. Darauf fundierend haben unsere Analysten zwei Strategien entwickelt, welche die kausalen Ursachen des Konfliktes beheben, sowie eine langfristig währende Evaluationsplattform schaffen sollen.

Angesichts der Tatsache, dass viele verschiedene empirische Nachweise aufgrund der Komplexität des Konfliktes vorliegen, basiert diese Analyse auf den wichtigsten Kennzahlen und schließt teilweise eine vollumfängliche Darstellung der Charts aus. Es gilt auch zu beachten, dass sich sowohl die Bewertung des Handelskonfliktes als auch die konkrete Handlungsempfehlung lediglich auf die involvierten Hauptträger USA und China stützt. Ebenfalls betroffene Wirtschaftsräume wie Europa sind hinsichtlich des uns gegebenen Rahmens nicht inkludiert. Es handelt sich hierbei um eine von der WTO angeforderte unverbindliche Handlungsempfehlung, welche als Referenz für beiderseitige Wirtschafts-/Regierungsvertreter genutzt werden kann.

Konfliktanalyse/ Inhaltliche Einordnung

Bereits am 29. Juli 2018 erhob das Wirtschaftsministerium der USA in dem publizierten Section 301 Investigation Fact Sheet den Vorwurf, China würde vorsätzlich den Handel manipulieren und staatlich subventionierten quantitativen Plagiat-Handel betreiben und somit geistiges Eigentum der USA verletzen. Dabei wird laut Angabe des Handelsbeauftragten der US Regierung ein wirtschaftlicher Schaden bemessen mit einem Volumen von 50 Mrd. USD jährlich induziert, welcher durch den erzwungenen Technologietransfer am chinesischen Markt, Joint-Ventures zur Aneignung von Knowhow und Cyber Intrusion im Wirtschaftsbereich entsteht. Zudem besteht seitens der USA eine Diskrepanz angesichts des Handelsdefizits gegenüber der Volksrepublik China. Ein negativer Import/Exportsaldo von 419,9 Mrd. USD sowie zunehmende Restriktionen der Partizipation am freien Wettbewerbs für amerikanische Unternehmen am chinesischen Markt durch Genehmigung/-Überwachungsvorschriften, Lizenzverwehrungen, Joint-Venture-Zwangsbestimmungen und Investmentregulationen durch nichttarifäre Handelshemmnisse, bewegte die amerikanische Regierung Strafzölle auf chinesische Importe zu beschließen. Im Handelswert von 50 Mrd. USD wurden Importe auf zentrale chinesische Exportbranchen wie der Stahl und

3

Aluminiumindustrie sowie der Elektrotechnik ratifiziert. Verarbeitende Industrie im Rohstoffsektor sollen laut Angabe des amtierenden US-Präsidenten Trump den Markt mit Dumping-Preisen übergehen und amerikanische Zulieferer aus dem Markt verdrängen. Laut Angabe des statistischen Bundesamtes wurde das Produktionsvolumen von Stahl ausgehend von 409 mio. t (2007) auf 808 mio. t. (2016) erhöht. Um einen Interessensausgleich zu forcieren setzt die Regierung Trump tarifäre Maßnahmen wie Strafzölle als probates Mittel ein um chinesische Unternehmen wie Alibaba, Byte Dance, Huawei oder Stahlproduzenten mit einer hohen Absatzquote, Produktionskapazität und einer hohen Marktkapitalisierung zu regulieren. Des Weiteren unternahm Initiator (Handelsbeauftragter) Robert Lightzinger den Versuch durch protektionistische Maßnahmen wie den erwähnten Importzöllen den regenerativen Energiesektor (Solarenergie) zu vor dem Preisdruck zu schützen. Als Reaktion auf die Importzölle stand China eine Öffnung der Finanz-/Versicherungsmärkte zu und bat eine Lösung auf kommunikativer Ebene an. Am 3. April 2018 hat China als Gegenmaßnahme veranlasst, Produkte im Wertvolumen von 50 Mrd. USD mit tarifären Maßnahmen zu belegen. Diese galten insbesondere dem Agrarsektor, Automotive-Sektor und Energiesektor, welche in Regionen angesiedelt sind, wo eine Mehrheit mit Trumps Politik sympathisiert. Vergeltungszölle und höhere Steuersätze sowie der Vorwurf des Vorsatzes wurden Infolge zyklisch von beiden Seiten eingesetzt, um einen Interessensausgleich zu erzielen. Beijing verfolgte primär das Ziel eine Intervention der USA in chinesische Handelsangelegenheiten vorzubeugen, wobei die Regierung in Washington anstrebte die Konsumausgaben der Amerikaner für amerikanische Produkte zu erhöhen und gleichzeitig die amerikanischen Unternehmen vor dem Konkurrenzdruck und der am 5. August stattfinden Wertregulierung der chinesischen Währen zu schützen. Das relative und reale Tarifvolumen stieg im Zuge korreal zueinander an bis auf 300 Mrd. (Stand Mai 2019). Verschärft wurde die Situation durch beiderseitige Unternehmen den Kontrahenten durch Androhungen von weiteren Maßnahmen zur Handlung zu zwingen. Darüber hinaus wurde eine Empfehlung für eine Standortverlagerung der amerikanischen Unternehmen in China herausgegeben, was zusätzlich zur Anspannung des Handelsverhältnisses führte.

Auf diplomatischer Ebene wurde trotz Vermittlungsversuche eines abgestellten Gremiums der WTO in diesem Belangen bis zum 15. Januar 2020 keine langfristige verbindliche Einigung erzielt, obwohl im Rahmen des G20-Gipfels in Buenos Aires am 2.Dezember 2019 eine temporäre Reduktion der Importzölle sowie die Implementierung von Handelserleichterungen erwirkt wurde.

Auswirkungen auf US-Wirtschaft

Kaufkraft und Verbraucherpreis

Durch Importzölle würde die Mittelschicht 29 Prozent an Kaufkraft verlieren, so ein Professor für internationalen Handel an der Harvard-Universität. Die Verbraucherpreise stiegen Im zeitraum 2018-2019 um einen Durchschnittwert von 2,4% wobei sich das Lohnniveau nur um 0,2 Prozentpunkte anhob. Besonders US-Haushalte der unteren Einkommensschicht sind vom Preisanstieg stark betroffen, da diese einen größeren Teil ihres Einkommens für China-Importe ausgeben, womit deren reales Einkommen überdimensional sinkt.

Handelsbilanz

Im Jahr 2019 betrug das Handelsbilanzdefizit der USA rund 922,8 Milliarden US-Dollar. Die Handelsbilanz bezeichnet den Wert der Warenexporte minus den Wert der Warenimporte. Ein positiver Wert bedeutet einen Handelsbilanzüberschuss, ein negativer Wert ein Handelsbilanzdefizit. Bis 2018 wurde ein Anstieg auf -950,24 Mrd. verzeichnet. Am Ende des Jahres 2018 zeigte sich, dass die US-Exporte nach China um 34 Prozent zurückgegangen waren während die US-Importe aus China sich kaum verändert hatten. Das Handelsbilanzdefizit auf ein Zehn-Jahres-Hoch. Als Folge des Handelsdefizits erwarten Experten eine höhere Staatsverschuldung, und der damit einhergehenden Deflation, Wertminderung des USD, was den operativen Handlungsspielraum der amerikanischen Unternehmen senken lässt und ein ausländisches Investment unattraktiv erscheinen lässt.

Rohstoff Industrie

Das heimische Metall/-Rohstoffindustrie leidet unter den höheren Preisen aufgrund der Import-Zölle. Unternehmen, die auf Stahl und Aluminium angewiesen sind, müssten bei anderen Ausgaben wie z.B. Personal sparen, berichtet der Moody's-Ökonom Atsi Sheth. Zudem sind Lieferketten unterbrochen, dies reduziert die Produktionsdynamik und sorgt für zusätzlich entstehende Kosten. Ende Januar 2020 folgten weitere Schutzzölle auf metallische Endprodukte in Höhe von rund 449 Millionen US-Dollar. Diese zweite Art von Kaskadenzöllen, die als Schutzzoll für Endprodukte auferlegt wurden, sollten die unmittelbar durch die erste Zollrunde geschädigten Industrien stärken. Es wurde jedoch ein negativer Rückkopplungseffekt erzielt, anstatt die heimische Industrie zu stärken wuchs die Vulnerabilität des Sektors und die Konkurrenzfähigkeit nahm ab, so dass Kooperationen und Investments mit amerikanischen Unternehmen unattraktiv wurden.

Agrarindustrie

Bei der Einfuhr nach China wurden Stand Mai 2019 US-Agrarprodukte mit einem Handelsvolumen von rund 19,72 Milliarden US-Dollar von chinesischen Ausgleichszöllen belegt. Sojabohnen sind in diesem Zeitraum mit einem Importvolumen von rund 13,9 Milliarden US-Dollar von chinesischen Ausgleichszöllen betroffen. Als Konsequenz stiegen Lebensmittelpreise durch Importzölle auf Agrarprodukte.

Nachgelagerte Branchen

Nachgelagerte Branchen im Automotive-Sektor, welche Zulieferungsleistungen aus der Stahlindustrie beziehen mussten aufgrund der ansteigenden Kosten das Produktionsvolumen reduzieren und die Verkaufspreise erhöhen, was wiederum zu schwachen Absatzzahlen und Umsatzeinbußen geführt hat. Als Beispiel kann man Ford anführen, der Automobilkonzern meldete im Jahr 2018 von Januar bis November einen Rückgang von 30 Prozent im Vergleich zum Vorjahr Anleger am S&P 500 waren durch eine große Volatilität aufgrund von Kursschwankungen verunsichert. Die Investmentbank Barclays senkte die Prognose für die KGVs der S&P 500 von 17 auf 16 und begründete dies mit einer Abschwächung der Weltwirtschaft

. Auch Tech-Unternehmen und Kommunikationsunternehmen wie Apple, welche einen hohen chinesischen Marktanteil besitzen antizipieren eine Kurskorrektur durch verminderte Absätze in China, was im Zuge des Handelskonflikts amerikanische Unternehmen unter strengere Auflagen gelegt hat.

Investitionen

Auch ein weiterer Strategiepunkt um die neue unilaterale US-Handelspolitik scheint sich gegenwärtig nicht zu erfüllen. Die Erhöhung der Nettozuflüsse ausländischer Direktinvestitionen (FDI in den USA. Die US-Regierung ging davon aus, dass multinationale Konzerne (inländisch wie auch ausländisch) aus Angst den Zugang zum wichtigen US-Markt zu verlieren, ihre Investitionen in den USA stark erhöhen würden. Daher, so die Annahme, würden die Investitionen in den USA stark zunehmen, mehr Fabriken und Fertigungsstätten gebaut werden, um den US-Importzöllen zu entgehen. Gegenwärtig, rund zweieinhalb Jahre nach Einführung der ersten Strafzölle, ist ein Erfolg nicht erkennbar. Das Gegenteil zeichnet sich derzeit ab. Der Nettozufluss des Investitionskapitals in den USA brach Mitte 2018 ein bevor er sich kurzfristig erholte und stabilisierte. Im Ersten Quartal 2020 betrug der Nettozufluss ausländischer Direktinvestitionen in die USA rund 52,6 Milliarden US-Dollar; im ersten Quartal 2017 waren es noch 83,3 Milliarden US-Dollar.

Covid-19

Anfang März 2020 sahen sich die USA mit der unvermittelten Konsequenz der Erhebung von Strafzöllen auf chinesische wie Importgüter konfrontiert. Die Covid-19 Pandemie. Die weltweite Nachfrage nach allgemeiner medizinischer Ausrüstung (Schutzausrüstung, Handschuhe, Desinfektionsmittel usw.) wie auch speziellen medizinischen Equipment (CT-Systeme, Röntgengeräte, Beatmungsgeräte usw.) stieg exponentiell und viele Staaten verhängten Ausfuhrverbote für derartige Produkte, um die Versorgung der eigenen Bevölkerung gewährleisten zu können. Die USA konnten den sich abzeichnenden Bedarf im eigenen Land bereits vor Ausbruch der Pandemie nicht mehr decken. In Anbetracht der Tatsache, dass zu dieser Zeit weiterhin Strafzölle in Höhe von 25% auf chinesische Produkte bestanden, verfiel das Interesse chinesischer Exporteure am amerikanischen Absatzmarkt. Die Einfuhr von Medizinprodukten und medizinischen Equipment aus China in die USA sank dementsprechend im Zeitraum seit der Erhebung der US-Strafzölle von 2017 bis 2019 je nach Medizinprodukt um 16 bis 23 Prozent. Der Bedarf konnte nicht durch spezialisierte amerikanische Zulieferer gedeckt werden, so dass ein Versorgungsengpass folgte, was das effektive Krisenmanagement der Pandemie verhinderte

Auswirkungen auf chinesische Wirtschaft

Verlagerung von Produktionsstätten

Chinesische Zulieferer und Auftragsfertiger von amerikanischen Konzernen arbeiten an Notfallplänen und verlagern ihre Produktionskapazitäten zunehmend in Werke außerhalb Chinas. Dabei konzentriert man sich nach Angaben des chinesisches Finanzchefs auf drei der ASEAN-Länder. Grund dafür seien die bestehenden Zölle sowie Unsicherheiten über den weiteren Verlauf des Handelsstreits, wobei eine Eskalation im Handelsstreit befürchtet wird. Panasonic als global aufgestellter Konzern erwägt, die Produktion von Autoelektronik für den US-Markt von den chinesischen Werken in Suzhou und Shenzhen nach Thailand und Malaysia zu verlagern.

Anlegerentscheidungen

Handelsrestriktionen durch tarifäre Maßnahmen verunsichern die Investoren und Anleger. An der Shanghaier Börse herrschte 2019 eine hohe Volatilität vor, Mitte 2019 dotierte der Index ein knappes Drittel unter dem Vorjahreswert.

Der IWF hat hinsichtlich der auf Exportgüter verhängte Strafzölle seine Wachstumsprognose von 6,4% auf 6,2% gesenkt, da die Liquidität beeinträchtigt ist und das Investitionsvolumen /ADI in chinesische Unternehmen vermindert wurde.

Auswirkungen auf globale Wirtschaftsentwicklung

Die Spannungen der Handelsbeziehungen zwischen China und USA haben Einfluss auf das globale Wirtschaftswachstum. 2020 wird von Analysten ein Rückgang von 0,5% der Weltkonjunktur antizipiert. Prognosen der Welt Bank sehen in ihrem CGE Modell (Computable General Equilibrium) ein reduziertes globales amerikanisches Exportvolumen von -3% bei anhaltenden Importzöllen von 25% auf allen chinesischen Produkten vor. Das globale Produktionsvolumen sinkt infolgedessen um 1,7%. Bezieht man sich auf die Bloomberg Prognose, so würde selbst beim Aussetzen der tarifären Maßnahmen über einen Zeitraum von 2 Jahren das BIP in den USA um 0,2% und in China um 0,5% sinken, was in ein vermindertes globales Wirtschaftswachstum konvergiert

Phase One Agreement

Mit dem am 15. Januar 2020 zwischen den USA und China unterzeichneten Teilabkommen „Phase One Trade Agreement" konnte der transpazifische Handelskonflikt vorläufig entschärft werden. Im Rahmen dieses Abkommens sagt China ausgehend von den Importwerten von 2017 den Kauf von zusätzlichen US-Produkten im Wert von 200 Mrd. USD in den kommenden zwei Jahren zu. Damit soll das Importvolumen über diesen Zeitraum von Industriegütern um insgesamt 77,8 Mrd. USD (ca. +116%) steigen. Gleichzeitig sollen geistiges Eigentum und Geschäftsgeheimnisse von US-Unternehmen besser geschützt und erzwungener Technologietransfer gestoppt werden: Konkret verpflichtet sich China u.a. dazu, die strafrechtliche Verfolgung bei erzwungenem Technologietransfer auszuweiten und die Verlängerungen des Patentschutzes zu erleichtern. China stimmte darüber hinaus zu erzwungenem Technologietransfer als Voraussetzung für Marktzugang und behördliche Genehmigungen zu verbieten und darüber hinaus sicherzustellen, dass jeglicher Technologietransfer freiwillig und zu Marktbedingungen erfolgt. Zugleich erleichtert China den Marktzugang für amerikanische Finanzdienstleister, u.a. durch eine Verbesserung der Möglichkeit, Wertpapiere zu emittieren, Investitionen in chinesische Aktien via Hongkong zu tätigen, Beschränkungen im Bereich des Anteilseigentums bei Lebens- und Krankenversicherungen abzubauen und den Marktzugang für US-Ratingagenturen zu ermöglichen. Neben diesen Maßnahmen verpflichtet sich China ferner, seine Währung nicht abzuwerten, nicht nachhaltig am Devisenmarkt zu intervenieren und Daten über seine Devisenbestände regelmäßig offenzulegen. Offen ist zu diesem Zeitpunkt, inwieweit auch Nicht-US-Unternehmen von den Zugeständnissen der chinesischen Seite profitieren können. Im Gegenzug verzichten die USA auf die ursprünglich für Mitte Dezember 2019 vorgesehenen Zollverschärfungen auf Konsumprodukte im Wert von knapp 160 Mrd. USD, durch die dann nahezu sämtliche chinesischen Importe in die USA mit Zusatzzöllen belastet worden wären. Außerdem werden die am 1. September 2019 eingeführten Zölle auf chinesische Importe im Wert von 120 Mrd. USD ab dem 14. Februar 2020 von 15% auf 7,5% gesenkt. Unverändert erhalten bleiben US-Zölle in Höhe von 25% auf chinesische Importe im Wert von ca. 250 Mrd. USD. So bleibt insgesamt ein Importvolumen von 370 Mrd. mit Zusatzzöllen belegt, das sind ca. 70% der gesamten chinesischen Importe.

Auf Basis dieses Teilabkommens haben unsere Analysten eine Handlungsempfehlung für beide Parteien formuliert, welches auf die Grundsätze des Abkommens fundiert und die möglich aufkommenden Kritikpunkte entschärft. Hierbei wird das Konzept des uneingeschränkten Freihandels als Leitsatz verwendet. Der Maßnahmenkatalog soll im Gegensatz zum Teilabkommen eine langfristige beständige Einigung erwirken. Eine Bevormundung einer Konfliktpartei findet unterdessen nicht statt.

Kritikpunkte am Abkommen

Das Teilabkommen beinhaltet auf erster Linie Vereinbarungen, die ohnehin bereits angestoßen waren. Als Teil des Abkommens soll China nun auch den Schutz des geistigen Eigentums verbessern. Doch das wird ohnehin schon vorangetrieben, schließlich profitieren hauptsächlich chinesische Firmen, die in vielen Bereichen inzwischen selbst Marktführer geworden sind. Darüber hinaus gilt es zu erwähnen, dass Chinas strukturelle Probleme nicht inkludiert wurden. Die wirklich großen Streitpunkte, wie zum Beispiel Chinas Industrie/-Fiskalpolitik oder die Subventionierung chinesischer Staatsunternehmen und vorgeworfener Marktverzerrung, bleiben ungelöst und sollen in Phase 2 angegangen werden. Mit dem bisherigen Abkommen kann China weiterhin an seinem „merkantilistischen Wirtschaftssystem" festhalten, ohne grundsätzlich marktwirtschaftlich interventionistische Praktiken ändern zu müssen. Das Teilabkommen stoppt zwar die Logik immer neuer Strafzölle, aber die beiden Ordnungsmächte haben in vielen Unterthemen bisher keinen Konsens gefunden, wie den Menschenrechten oder dem Einsatz von chinesischer Technologie, somit sind die kausalen Ursachen des transpazifischen Handelskonfliktes nicht gelöst. Eine weitere Verpflichtung der Chinesen sieht vor, ihre Importe aus den USA im genannten Maße zu steigern. Eine quantitative Kaufverpflichtung entspricht jedoch weder dem Grundsatz des regelbasierten freien Handels im Rahmen der WTO noch dem Vorhaben der chinesischen Regierung autonomer handeln zu können. Zudem erhebt sich Zweifel bei Experten, dass ein „Managed Trade" in dieser Referenz nicht umsetzbar sei, ohne dass Chinas Agrarsektor Umsatzeinbußen am Binnenabsatzmarkt verzeichnet. Die Verdoppelung des US-Exportvolumens der im Abkommen genannten Produkte bis 2022 ausgehend von den Volumina des Jahres 2017 erscheint allerdings kaum umsetzbar. Diese Steigerung entspräche einem durchschnittlichen jährlichen Exportwachstum von ca. 14% zwischen 2017 und 2021. Selbst in den Jahren 2000 bis 2007, als das chinesische BIP mit über 10% jährlich gewachsen ist, haben die US-Exporte nach China maximal um 20% pro Jahr zugenommen. Erschwerend kommt hinzu, dass der tatsächlich erforderliche Anstieg der US-Exporte, ausgehend von den aktuellen Warenströmen, noch wesentlich größer ist. Denn US-Exporte von Industriegütern waren in den letzten beiden Jahren auch aufgrund der von China verhängten Gegenzölle rückläufig. Dies führt dazu, dass ausgehend von 2019 ein noch größeres Wachstum innerhalb von zwei Jahren nötig ist, um das in dem Abkommen festgelegte Ziel zu erreichen. Rückbezogen auf die von den USA angesetzten Vergeltungszölle auf chinesische Dienstleistungen und Produkte kam es ebenfalls nur zu einem Teilzugeständnisse, welche kritisch zu bewerten ist. Sanktionen in Höhe von 25% bleiben auf ausgewählte Produkte bestehen, Huawei ein int. Branchenführer im Kommunikationssektor, welcher eine Hohe Absatzmarktbeteiligung in den USA vorweisen kann, wird weiterhin unter Restriktionen und Auflagen gestellt. Somit kann man das Fazit ziehen, dass es sich hierbei lediglich um die Schaffung einer Evaluationsbasis handelt, welche bereits deeskalierende Maßnahmen hervorgebracht hat. Es handelt sich bei dem Teilabkommen, jedoch nicht um einen Interessensausgleich beider Parteien. Mit diesem Hintergrund wird nun ein Entwurf/- und Maßnahmenkatalog vorgelegt, welcher unter Vermittlung der WTO von beiden Konfliktparteien umgesetzt werden sollte.

Handlungsmaßnahmen USA

Staatliche Ebene

Diese Empfehlung beruht hauptsächlich auf das Bestreben der USA Arbeitsplätze in den spezifischen Branchen zu sichern, ihr Handelsdefizit gegenüber China zu entschärfen und die Konkurrenzfähigkeit insbesondre der Tech-/ Stahlindustrie auf globaler Ebene zu erhöhen. Wir empfehlen auf staatlicher Ebene eine weitere Öffnung der Märkte, um einen Warenaustausch zu ermöglichen, um somit den Export von außen zu stimulieren. Dies kann unter Auflagen geschehen, sollten jedoch nicht an Kaufverpflichtungen für chinesische Produzenten gebunden sein, da dies nicht dem Ansatz der freien Marktwirtschaft entspricht. Darüber hinaus ist anzuraten, dass die USA von weiteren tarifären Maßnahmen wie Strafzöllen absieht, da diese zu einem negativen Rückkopplungseffekt beitragen können. Hierbei werden durch zu hohe Importzölle nicht nur der letztendliche Verbraucherpreisindex angehoben, sondern es kommt aufgrund der hohen Produktionskosten zu einer Reduktion der personellen Kapazitäten. Dies trägt zur erhöhten Arbeitslosigkeit und einem Haushaltsdefizit aufgrund geringerer Steuerabgaben bei. Des Weiteren kann der Staat durch die Etablierung eins transparenten Handelsabkommens respektive Freihandelsabkommen (siehe TTIP) eine Öffnung der Märkte erreichen. Eine Kooperation durch Joint-Ventures oder einer verlängerten Werkbank unter dem Rahmen des Schutzes vor Diebstahl geistigen Eigentums erscheint für uns sinnvoll, da dadurch das innovative Potenzial gefördert und die Konkurrenzfähigkeit gestärkt wird. Durch die Beilegung von restriktiven Maßnahmen würden die nach außen hin wirkenden Standortfaktoren für Anleger und Investoren wieder attraktiv erscheinen, so dass das Volumen der ADI steigt und damit einhergehend Reinvestitionen der amerikanischen Unternehmen in eine diversifizierte innovativere und produktivere Aufstellung unternommen werden. Angesichts der Tatsache, dass die Trump-Administration ihre Stellung als ordnungspoltische und ökonomische Weltmacht nicht abtreten will, gilt folgender Appell der US-Regierung: Die starke ökonomische Entwicklung Chinas muss toleriert und akzeptiert werden, eine Beteiligung am Aufschwung Chinas und Entwicklung zum entwickelten Industrieland sollte nicht mit Argwohn betrachtet werden und staatlich subventioniert. Unternehmensübergreifende Kooperationen und Fusionen von Teilsparten kann unter den bestehenden Konditionen eines Freihandelabkommens in ein Wirtschaftswachstum beider Länder potenzieren. Schon heute plädieren Large Cap Value Unternehmen wie Johnson&Johnson oder Microsoft sowie Apple, dass die freie Angliederung und Annäherung beider Wirtschaftsräume essenziell für den Unternehmenserfolg sind, da bereits komplexe bilaterale Zuliefernetzwerke bestehen.

Eine am 22. November 2018 publizierte Studie der Ökonomen Zoller-Rydzek und Felbermayr kommt zu dem Ergebnis, dass die amerikanische Volkswirtschaft von den Strafzöllen gegen China bisher profitiert hat. Der Gesamtnutzen belaufe sich laut der Untersuchung auf 18,4 Milliarden Dollar. Laut Berechnungen der Studienautoren steigen die Preise durch 25-prozentige US-Importzölle um durchschnittlich 4,5 Prozent. Konsumgüter sollen der Studie zufolge sogar um 6,5 Prozent teurer werden. Laut Zoller-Rydzek profitiert die amerikanische Volkswirtschaft in erster Linie dadurch, dass sie durch strategische Auswahl, der mit Import-Zöllen zu belegenden Waren auf chinesische Unternehmen abwälzen konnten. Seinen Schätzungen zufolge werden Einnahmen in Höhe von 18,9 Milliarden Dollar von chinesischen Firmen auf die USA überwälzt. Langfristig dürften chinesische Unternehmen durch den Preisanstieg der betroffenen Produkte und der niedrigeren Profitmargen den Export in die USA einstellen. Nach den Erwartungen der Studienautoren werden US-Importe aus China um 37 Prozent abnehmen, wodurch das Handelsdefizit um 17 Prozent sinken würde. Diese Annahme korreliert nur bedingt mit unserer Annahme , dass US-Konzerne bereits abhängig von chinesischen Importen sind. Eine Einstellung der Handelsbeziehungen oder eine drastisch erzwungene Reduktion des Importes für vor und nachgelagerte Industrie in den USA schädigen. Das Argument, dass die Importzölle auf chinesische Firmen abgewälzt werden kann würde einer allgemeinverträglichen Lösung widerstreben.

Unternehmensebene

Eine Strategie für Unternehmen sieht eine adaptive dynamische Anpassung an diverse Szenarien vor. Eine flexible Risikobewertung kann bei einsetzendem Import/Exporttarifen eine defizitäre Entwicklung der Unternehmenszahlen präventiv vorbeugen. Deshalb sollte der Fokus darauf gelegt werden die Vulnerabilität für volatile Marktbewegungen zu senken. Dies kann bspw. durch eine bessere Kapitalbindung und Kommunikation zwischen Senior-Management und lokalen Vertretungen/Vertriebe des Unternehmens erwirkt werden, sowie einer Analyse-Abteilung, welche die Entwicklungen eines Konflikts vorhersieht und Schritte initiiert. Grundlegend lässt sich jedoch sagen, dass diese Schritte unternehmensspezifisch sind und den hier veranschlagten Rahmen überschreiten würden. Langfristige finanzielle Sicherheit und eine auf langen Horizont ausgelegte geopolitisch beständige Unternehmensstrategie sollen Priorität genießen.

Handlungsmaßnahmen China

Staatliche Ebene

China hat bereits Bereitschaft geäußert den Markt für den Automobilsektor vollständig zu öffnen und den Banken/-Finanzdienstleistungssektor zu liberalisieren. Eine vom Sektor unabhängige Erschließbarkeit des chinesischen Absatzmarktes für amerikanische Unternehmen sollte in diesem Fall angestrebt werden, um bestehende Differenzen zu lösen. Eine stärkere

Öffnung der chinesischen Finanzmärkte, die die Wettbewerbsmöglichkeiten von US-Finanzfirmen in der Volksrepublik verbessern soll, sowie mehr Transparenz in der Geld- und Währungspolitik, wodurch etwa Wechselkursmanipulationen verhindert werden sollen führen zu mehr Sicherheit und somit Beständigkeit des Marktes, welcher die Volatilität entschärft und somit ein Anlageinvestment in chinesische Aktien attraktiver erscheinen lässt. Eine Stärkung der geistigen Eigentumsrechte entspräche den Forderungen der USA und würden eine Schwelle für Joint-Ventures beheben. Um die gleiche Innovationskraft beizubehalten während man den Technologietransfer von amerikanischen zu chinesischen Unternehmen reduziert, empfehlen wir eine smarte Subventionierung von Small Caps und Start Ups sowie Unternehmen mit Innovationsbezug (Xiaomi), deren Input für nachhaltige innovative Produktlösungen einen positiven Impulse für den Markt aussendet. Durch eine verlängerte Werkbank könnte zusätzlich administrative, monetäre und konzeptionelle Aufbauhilfe geleistet werden. Eine dynamische Start-Up Szene wurde entgegen der Annahme dem amerikanischen Markt nicht schaden, sondern den Wettbewerb verstärken. Dies würde den Cashflow in der Region aufgrund von einer verstärkten Unternehmensaktivität erhöhen, eine hohe Liquidität beugt darüber hinaus inflationäre/deflationäre Entwicklungen vor. Durch den Wachstumsimpuls durch Öffnung und Liberalisierung der Märkte können Unternehmen nachweislich besser expandieren. Ein Ausbau der operativen Fähigkeiten (Wiederaufnahme der Geschäftsbeziehungen mit amerikanischen Unternehmen) induziert des Weiteren einen positiven Effekt auf den Arbeitsmarkt, welcher zwischenzeitlich um -1,1% als Folge der tarifären Maßnahmen der USA dotierte. Um einer zukünftigen geographischen Zentrierung von tarifären Maßnahmen zu entgehen halten wir es für sinnvoll die Zuliefererketten geographisch zu dezentralisieren, um somit eine höhere Diversifikation zu erzielen. Eine Annäherung und Partizipation in anderen Wirtschaftsräumen (EU) unter den Regularien der WTO und OSZE durch Schließung von Handelsallianzen würde bei einem erneuten Konflikt mit den USA auf der Ebene des Handels mehr Handlungsspielraum und Sicherheit verleihen.

Fazit

Beide Konfliktparteien müssen trotz der anhaltenden Corona-Pandemie in Verhandlungen treten, um einen Interessensausgleich zu erzielen. Dabei sollte auf staatlicher Ebene fundierend auf dem Phase-One Agreement ein langfristiges Freihandelsabkommen ratifiziert werden, welches die erwähnten Lösungsansätze beinhaltet. Für beide Seiten ist es von fundamentaler Bedeutung eine strategische und ökonomische Partnerschaft zu unterhalten, da viele Unternehmen auf horizontaler/ vertikaler Ebene verbunden sind oder Geschäftsbeziehungen pflegen. Um eine Sensibilisierung beider Seiten herbeizuführen kann man auf kommunikativer bilateraler Ebene ein Handelsforum eröffnen, wobei der gegenseitige Austausch von Interessen voransteht. Eine Fortführung der Sanktionen und Zölle würde einen massiven negativen Einfluss auf die Weltkonjunktur zur Folge haben, auf Unternehmensebene würde dies bedeuten, dass der Profit vom Weltwirtschaftswachstum ausbleibt. Unserer Meinung nach kann jedoch nur ein Konsens erzielt werden, wenn eine Politisierung (Wahlkampfstrategie und innenpolitische Wirkung von Trump) des Themas ausbleibt und beide Parteien davon absehen auf Grundlage ihrer Machtansprüche zu agieren.

Quellen

https://www.china-briefing.com/news/how-will-us-china-trade-war-end-3-scenarios/

https://de.wikipedia.org/wiki/Handelskonflikt_zwischen_den_Vereinigten_Staaten_und_der_Volksrepublik_China

www.statista.de

https://www.bmwi.de/Redaktion/DE/Downloads/Monatsbericht/Monatsbericht-Themen/2020-03-nach-dem-phase-one-deal-zwischen-china-und-den-usa.pdf?__blob=publicationFile&v=6

https://www.manager-magazin.de/politik/weltwirtschaft/alles-ueber-den-handelsstreit-zwischen-usa-und-china-a-1303975.html

https://www.bbc.com/news/business

https://www.scmp.com/economy/china-economy/article/3078745/what-us-china-trade-war-how-it-started-and-what-inside-phase

https://thediplomat.com/2019/07/can-the-us-china-trade-war-be-resolved/

https://www.handelsblatt.com/politik/international/phase-1-deal-fuenf-gruende-warum-das-abkommen-zwischen-den-usa-und-china-kein-durchbruch-ist

https://www.weforum.org/agenda/2020/01/companies-deescalate-us-china-trade-war/